AMOR AÉREO: ESCALAS Y RETRASOS

Carmelo González Veles

AMOR AÉREO: ESCALAS Y RETRASOS

Autor: Carmelo González Veles

Copyright © Carmelo González Veles

Library of Congress Copyright Office

Washington, D.C.

Primera Edición en español 2020

ISBN: 978-1-7352803-0-1

Diseño de Portada e Ilustraciones Adriana Morales Marín

DEDICATORIA

A los Pilotos y al Personal de vuelo que con profesionalismo nos transportan y nos asisten, no importando el estado de ánimo en que nos encontremos.

Carmelo González Veles

¡Cuán bella eres, amada mía!
¡Cuán bella eres!
¡Tus ojos son dos palomas!

Cantares 1:15

ÍNDICE

PRÓLOGO

Cuando era niño, disfrutaba de los días despejados o aquellos en la época de las lluvias. Especialmente observaba al oriente, donde el valle y lejanamente los picos de las montañas y los volcanes eran los elementos naturales de aquella vista maravillosa. En mi curiosidad infantil, escudriñaba el horizonte en el crepúsculo, durante el mediodía o al ocaso. Muchas veces descubría los destellos o las luces titilantes de los aviones surcando el espacio. Entonces iniciaba a volar mi imaginación y me preguntaba, ¿qué personas irían viajando en esas fantásticas naves cuyo sol hacía que saltaran destellos plateados o cuyas luces rojas intermitentes siguieran el pulso de las estrellas en las noches despejadas? También, me interrogaba a sí mismo, ¿a qué destino se dirigían esas personas incógnitas para mí, pero cuyas vidas viajaban en el espacio y en el tiempo?

i

Después, en mi juventud y en la etapa de mis veinte años tuve la experiencia de viajar en estas obras de la tecnología moderna que son los aviones. La sensación de cruzar el Océano Atlántico o sobre las cordilleras montañosas del continente americano la he experimentado algunas veces. Y sobre ese asiento, literalmente sostenido en el espacio, he leído, he soñado, he lanzado mi imaginación por divagar sobre un mar de nubes inmensas como algodones lampos, o nubes grises como descomunales focas o aquellas pintadas por un maravilloso sol crepuscular. También, en mis viajes en avión, he meditado con un sentir espiritual, he cavilado con un sentimiento amoroso, o reflexionado buscando el consuelo cuando me ha dolido el alma por una perdida.

Por amor también se viaja. Y esta es la temática de este conjunto de poemas en este volumen cuyos versos surgieron en las salas de los aeropuertos o en las rutas aéreas sobre las montañas, pueblos, ciudades, países, o sobre las aguas azul turquesa de los mares. Estos versos han sido escritos a través de una década que algunos se encubaron en el nido de la inspiración a más de 10 mil metros de altura.

CARMELO GONZÁLEZ VELES

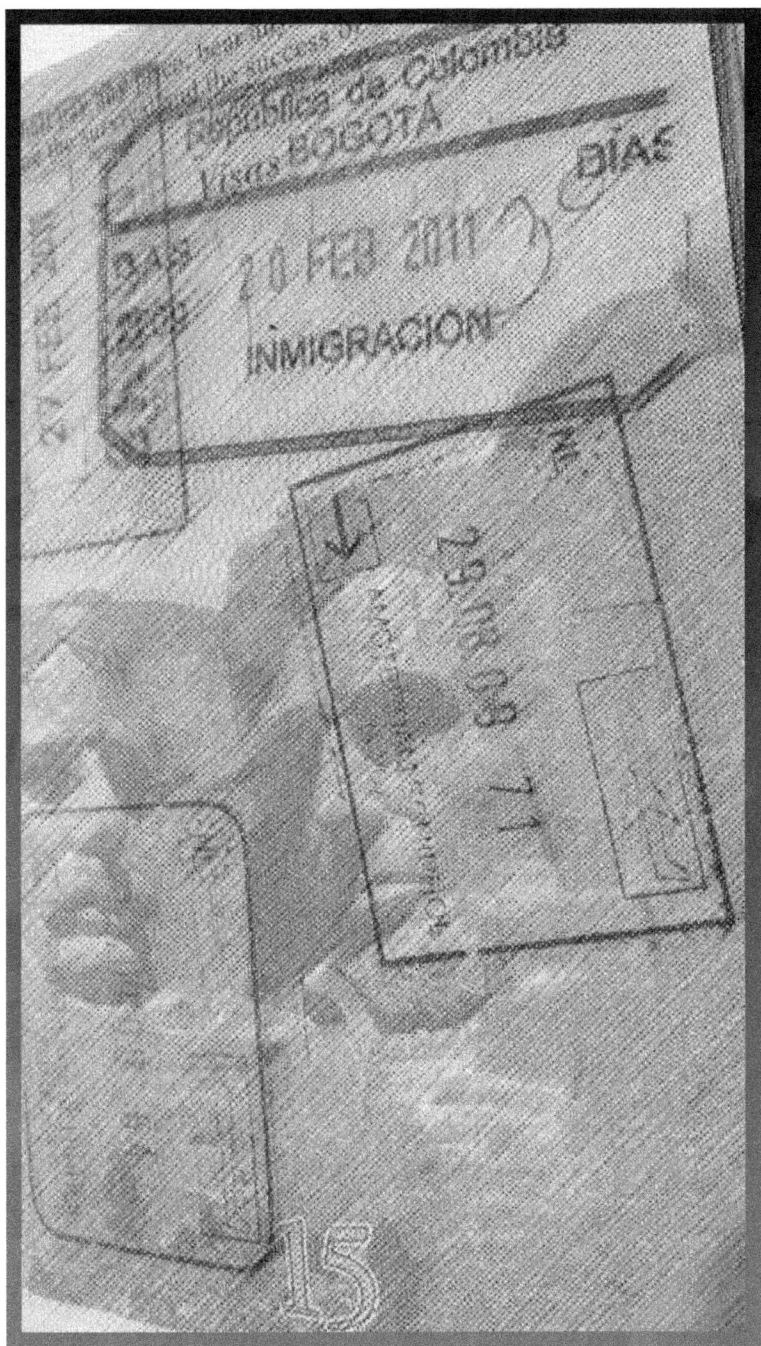

Carmelo González Veles

PARTE 1

Carmelo González Veles

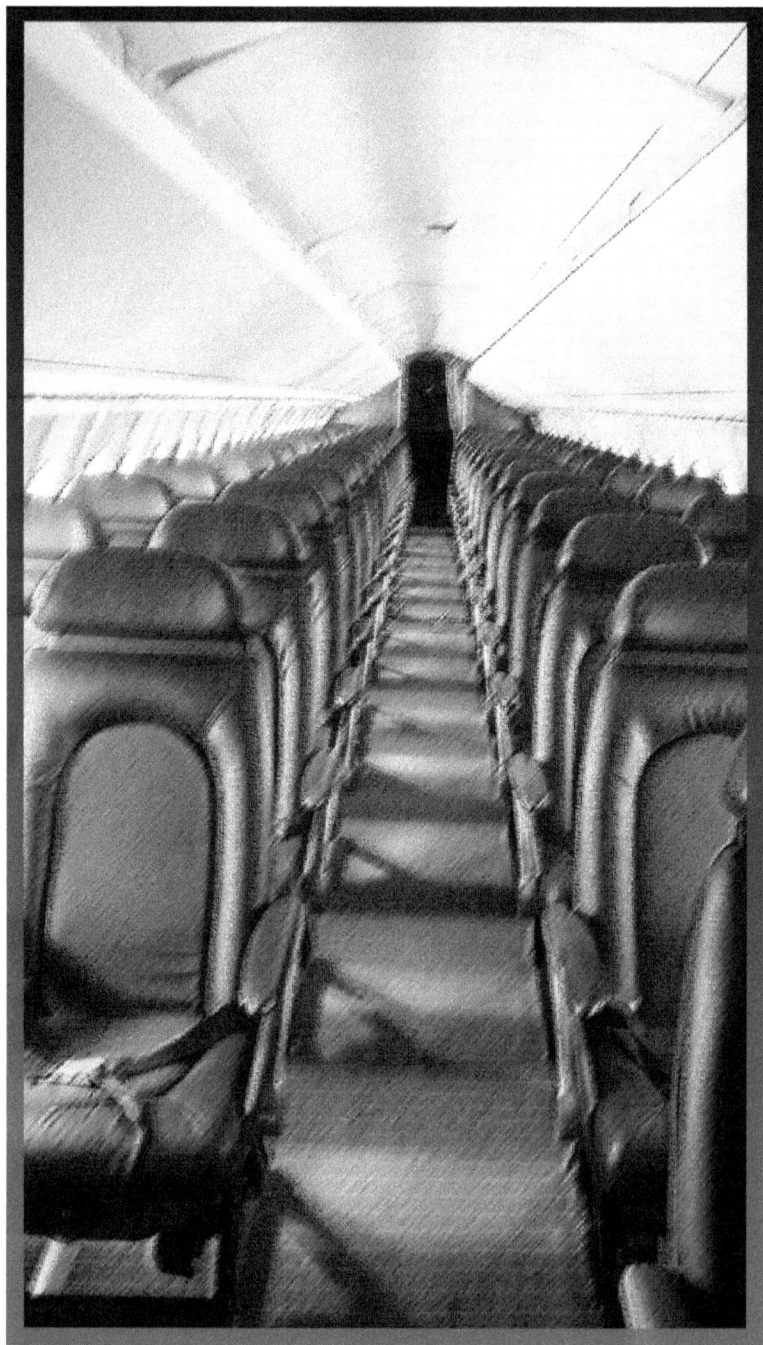

Preludio

Amor Aéreo: Escalas Y Retrasos

I

Señor, la empecé a amar hoy mismo.
Tu eres Dios,
y conoces lo que es una entrega total.

Señor, ten misericordia de mí.
¿Me permitirás verla otra vez?

"Pedid y se os dará."
Pacientemente esperara.
Pero no tardes tanto.
Porque su amor me duele hasta los tuétanos.

II

Adiós, María Helena.
Sábado por la tarde.

PaloNegro y hélices.
Solo Dios sabrá
si te volveré a ver
una vez más.

Puente De Abordaje
En El Aeropuerto Palonegro

Sábado 24

Atardecer:
huiré sobre las nubes
en un destino sin hora y sin puerto asignados.

No me despediré de ti
ni te daré un abrazo y un beso en los labios.

Después,
escuchare unas zapatillas bajar sobre escalinatas de
mosaico.
Sí, deseare con toda mi alma
que seas tú como un milagro esperado
o como un regalo del destino.

Es el último vuelo a Bogotá.

Escribiré tu nombre en la referencia de contacto,
sí muero, al menos sabrás que siempre yo te amé.

Amanecer En El Aeropuerto El Dorado

Domingo 25

María Helena sufro por usted:
como quisiera cambiar la vida
y ver que mi amor es correspondido,
y sentir que soy reflejo en sus pupilas
y caminar al lado suyo por las calles.

María Helena como sufro por usted.
¿Y cómo poder cambiar la vida?
Pues deseo con el alma
viajar con usted en el autobús por las mañanas y los
atardeceres
cuando el universo gravita entre el hoy y el mañana.

¡María Helena eres mi sublime ilusión!
¡Como quisiera cambiar la vida!
Para poder acariciar tu pelo húmedo
y alegrarme cada día
con los besos de tus labios.

María Helena como sufro por usted.
Y deseo derramar mi alma al cielo
en el silencio por tu ausencia.

Escala En El Aeropuerto Benito Juárez

Te amo.
Pero tu amor me duele tanto.
¿Qué podré hacer para no sufrir?

Te ofrecí mi vida,
te ofrecí mi ser,
te ofrecí mi llanto,
y te ofrecí mi alma.
¿Qué más puedo hacer amor
para conquistar tu corazón?

Retraso
Lunes 26

Al oír tu voz en el celular,
escucho la vida.

Y es sueño sublime con
el amanecer en tu piel,
con el trino de los pájaros,
el murmullo del arroyo
y con la brisa de los Andes.

Escuchar tu voz es mi paraíso.

Escala At George Bush Airport

Lunes 27

He amanecido en Houston
y no se disipa
el aroma de tu adiós.

Nada cambió
a pesar de que son otras nubes,
otras lluvias, otros aromas,
otros pasos y otras sombras.

Tu recuerdo viaja en mí
con el sol, la luna y las estrellas
vida mía.

Destino Final At Seatac Airport

Martes 28 de madrugada

Ayer forcejeé con la muerte
en las puertas de una realidad.

Juro que anhelé escuchar tu voz,
pero tu celular evitó los números de mi destino.

Llovía en Seattle al amanecer,
y tu recuerdo calaba a mi alma y a mis huesos

AMOR AÉREO: ESCALAS Y RETRASOS

Carmelo González Veles

PARTE 2

Carmelo González Veles

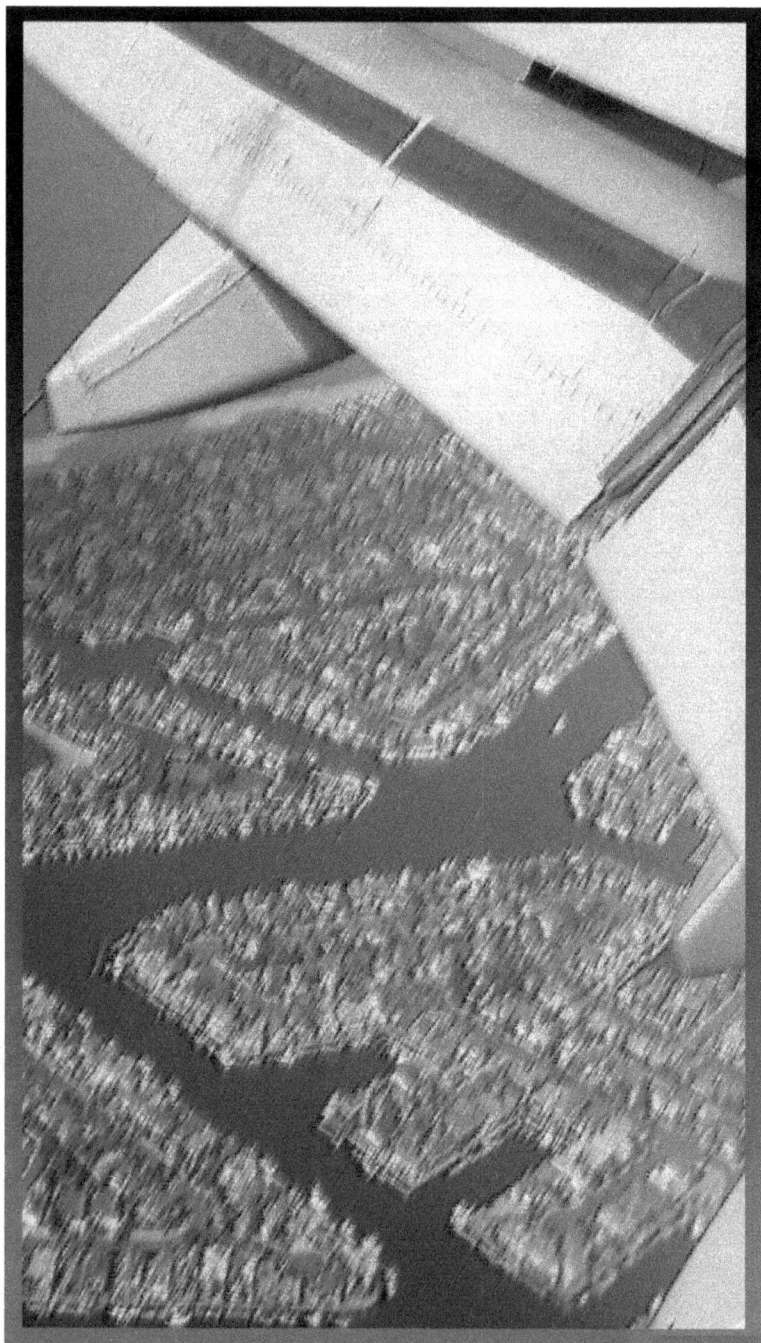

Viaje Prístino

Inicio el vuelo con seis horas de retraso
en un día de algodón celeste
pero de un sol robusto.

El Boeing 787 inicio el vuelo
con la luz del crepúsculo en el tren de aterrizaje
y las alas conquistadas por vastedad de luciérnagas purpura.

El origen de la aventura
fue uniendo coordenadas en una pantalla fosforescente
a 12 kilómetros de altura y en la espalda de un relámpago.

Aterrizó el avión
muy lejos de mi patria
pero cerca de mi dicha.

Carmelo González Veles

¡Testifico!
que He palpado esta tierra
con tu mirada y con el calor de tus brazos.

Avance

Mujer, he recorrido tu piel con mis manos,
y he palpado los cantos de tu cuerpo
como un ciego con los vientos de agosto.

Mujer, he afianzado mi ancla ante la lluvia postrera del
crepúsculo,
donde las picas de cristal avanzaban
con los olores maduros del verano.

Durante las mares vivas
me he refugiado en las bahías de tu cuerpo sedoso,
y en el he avanzado con el poder de un ejército arrollador
cuando los segadores recolectaban azucenas blancas y rojas.

Mujer, he besado tus labios en la hora en que las dos cuartas
crecientes,
giraban como hoces de plata en el rostro
con el fuego benévolo del sol.

Mujer, he recorrido tu cuerpo como un ciego
o como un panadero que ha estampado
galaxias de fuego con las puntas de los dedos al amasar un
pan fermentado.

Mujer, he seguido las flechas del sextante en tus concavidades
donde abundan
las caracolas rosadas, las orquídeas azules
y me he atrincherado en tus simas

con un canto marino en la pleamar,
y en el horizonte solo han quedado de las nubes albas
telarañas plateadas como de un saco roto.

Mujer, he cruzado tus desfiladeros,
con la audacia de un corsario del Mar Caribe,
en la hora exacta del perigeo y en el acantilado,
donde el día y la noche se besan apasionadamente.

Inutilidad

Hay un dolor en el corazón
donde la tristeza penetra el alma
y trastorna la razón.

Es mi humanidad
aquella que produce mi llanto
en el resquicio de mi soledad.

Es sufrir
por el desamor de alguien a quien se ama tanto
y donde el consuelo jamás podrá intervenir.

Oscuridad

Escucho tu voz
en la profundidad de mis sueños.

Veo tu rostro
en el canto del crepúsculo.

Te extraño como el águila a la montaña.

Mis manos y mi alma
se pierden en el vacío
buscando tu regazo.

Preso De Tu Olvido

Preso de tu olvido, cuento los días

¿Dónde estás luz y calor de mi alma?
¿A quién, a quién pregunto por ti?

Sabes, "La larga espera es dolor para el corazón".
Pero soy un hombre de palabra.
El 2 de mayo se firmó nuestro convenio.

En Las Cuerdas

¡Oh Señor!
¡Oh Adonaí, quítame, quítame este dolor!
No había murallas ni defensas,
abrí mis brazos a la ilusión
y mi corazón recibió golpe mortal.

Juro que siento a la muerte cerca;
te fuiste sin decir adiós,
aquel adiós de un muy pronto.

Agonía

Agony:
filo de cuchillo,
pulso de tumba,
fin del amor.

Agony:
tarde o temprano
el enfrentamiento será brutal
lucha desigual y en la cual
tu sabes bien quien es el que pierde.

Dirección Incierta

Silencio de noches que duelen
consumidas en el cauce de un río muerto.

Silencio de lejanías en islas olvidadas
al bostezo de una barca en retirada.

Silencio de árboles sacudidos por las huestes del despojo.

Silencio
del alma y de manos ausentes.

Caracolas De Fuego

I

Rozas tus pechos en mis hombros
y siento las mieles en tus colmenas de fuego.

Tu mirada seductora asalta a mis ojos
con la velocidad de un aerolito en llamas.

Tu voz tiene las alas del céfiro
que recorren los viñedos maduros
en las madrugadas tórridas.

Tus manos tienen las corrientes
de un arroyo que canta entre los cañaverales.

Tus brazos abiertos son nidos que mecen mi cuerpo
con la pasión de tu amor.

¡Y tu cuerpo!
¡Oh tu cuerpo amado, amada mía,
es el paraíso donde los pájaros cantan mi vorágine por ti!

¡Oh atezada doncella, el aroma de tu cuerpo vuela
en las alas de mariposas en perpetua primavera!

II

¡Hay tus caracolas de fuego amada mía,
lanzan mi barca a navegar en la inmensidad de noche
estrellada!

¡Cómo te amo amada mía!
¡Hay como te amo amada mía!
Hoy te confieso mi amor febril
en la rivera de un río en tregua
donde las luciérnagas resucitan a cada instante.

¡Oh amada mía, recorro los misterios de tu cuerpo en esta
madrugada
que la luna baña tu cuerpo terso en este septiembre de
fuego!

Promesa

El amor es luz a través de la angustia.

Amor es sentir que no estas a mi lado y
padecer desconsuelo.

Amor es aclamar a un Todopoderoso
que estés bien mi querer.

Amor es serte fiel y
que el tiempo no marque un olvido
en la vía del crepúsculo.

Si Algún Día

Tu silencio
me arroja a un pozo sin rostro.
Quisiera vivir en los días
cuando tus manos daban la pauta a mi existencia.

Eras mi búsqueda en las calles de la metrópoli
donde convergían millones de destinos.

Te encontré en una esquina
donde tu bandera y mi bandera se peinaban por la mañana.

No sabes lo feliz que fui al escuchar tu voz
porque me rescataste de mis temores de infancia.

Te recuerdo con mi alma adolorida
y con la nostalgia de una lluvia tenue.

No era la misma lluvia antes de subir al taxi
era aquella que penetraba lentamente mi alma en el
silencio.

Tu silencio... me atemoriza más que mi muerte.

Lejanía

Adiós……
no eterno, pero como duele.
Es la mirada perdida en el mar detrás de una ventana.

Es la barca oculta en la neblina
en una bahía con puentes que atrapan y destrozan los
mástiles.

Es el silencio mojando un cuerpo desnudo en abandono.

¿Qué más se puede esperar?
¿Sera la muerte o la locura?
No vuelves amor… como aquellos tulipanes que
despiertan en la primavera.

La ventana está abierta rumbo al mar:
y se revela un horizonte vacío donde navega el tiempo
inexorable.

Carmelo González Veles

PARTE 3

Carmelo González Veles

Tu Rostro Me Sigue Con La Luna

Tu rostro viaja conmigo
en esta ruta diurna y nocturna
cuyas luces obsidianas, áureas y purpuras
van trazando mi destino.

Una pista de despegue
un ayer, un hoy, un mañana y un instante.
Un abordo en un domingo de septiembre
en cuyo rostro hermoso
es brújula de mis sueños,
y dirección de mi universo.

Una pista de descenso
cuyas flamas saludan a la vida
y atan un nudo seguro,
para contemplar tus ojos negros
para correr al refugio de tus brazos
y para buscar el calor sensual de tus labios.

Cabellera Primorosa

Me gusta tocar con mis dedos
tu pelo negro rizado:
pelo como la noche, como la ceiba
o como un éxtasis en baile caribe.

Me gusta tocar con mis dedos
tu pelo negro rizado:
pelo como remolino cósmico
o como la textura de tu vientre.

Me gusta tocar con mis dedos
tu pelo negro rizado:
pelo como el sueño grato
o como el aroma que rinde a mi alma.

Como Un Perro

¿Cuál es tu voz?
¿Cuál es la mía?
Es la sombra
entre aquellos segundos
empujados al fin de año.

¿Cuál es tu voz?
¿Cuál es la mía?
Es el vocablo
olvidado en la borrachera
de entes lejanos a su sitio.

¿Cuál es tu voz?
¿Cuál es la mía?
Es la lejanía
incendiada por la línea
digital de la vida.

Junto Al Mar

Tu voz delgada entra en mí ser,
y me arrulla o me despierta
con un poder que domina
la dirección de mi destino.

Tu voz derramada
como bálsamo
recorre el día
y la noche de mi camino.

¡Tu voz y solo tu voz
es la llave prodigiosa
de un acto honesto
de tomar tu mano
con la inocencia de un niño!

Andina

Ojos oscuros,
pelo oscuro,
¡oh Tirana,
oh Tirana
mueves tus caderas de perla!

Voces y pasos
de desiertos,
de ríos
y de montañas.

¡Oh Tirana,
Tirana,
de muslos de perla
que reman el son
con los vientos australes!

Te Amo En Las Noches…

Te amo en las noches
cuando buscas incendiar los astros
al tocar el fuego de la vida.

Te amo en las noches
cuando tus labios me besan
y el viento mueve las ramas de los pinos.

Te amo en las noches
cuando tus brazos dan calor
a mi cuerpo y despiertan cantos de amor.

Te amo en las noches
cuando acaricio tu cuerpo perfecto
con mis manos y emanan sublimes sueños eróticos.

Te amo en las noches
cuando buscas mis manos
cuando buscas mi cuerpo
para danzar una canción de amor
cuya fuerza
cuya velocidad
es como la de una onda de luz que viaja por el universo.

Te Quiero

Te quiero con el alma adolorida
y con el corazón galopante de tristeza.
No pido que me ames con la fuerza de mi entrega
pero al menos con el amparo de tu gracia.

Has tocado mi alma con la paz del cielo
y sacudido mi alma con la fuerza de una tormenta
sin anclas y sin estrellas.

¡Oh como quisiera caminar y ser amado en tus sueños!
¡Y luego navegar en las aguas de tu océano!

T quiero con el alma atormentada
y con la pena de no ser correspondido.
Llevo la pena de tu desamor clavada en el corazón
y por ello sudo la muerte del desdén.

Has cambiado mi vida para siempre
y vivo con tu nombre en mis labios,
tu recuerdo es una brisa que fluye en mi vida cotidiana
y el estar conmigo es la promesa de Dios de un paraíso.

Tu Voz

Tu voz tiene la húmeda del roció cristalino
y mi alma marchita se alegra al escucharla.
No sabes que en mi soledad me haces falta
y lanzo mis ilusiones a la corona de los cielos

Me duele el corazón saber que estas lejos,
y mi alma sufre al sentirte ausente de mis brazos.
Los árboles lloran en los molinos del otoño
y me revuelco de tristeza en mi lecho abandonado.

Hoy, te expreso con mis ojos lo tanto que te amo
y parece que tu alma de gaviota aventurera busca otros
puertos.
He visto en la iglesia un Cristo penitente
y muchas veces he pedido su intercesión para alcanzar tu
alma.

Esta mañana al verte, mi alma se llenó de gozo
y disfrute sentirte cerca, y goce el escuchar el timbre de tu
voz.

Hora a hora avanza el día con la brisa de tu recuerdo
y el ocaso bermejo me hace recordar
que estoy solo
sin tu amor
sin tu sonrisa
y sin tu voz.

Luna De Plata

Luna de plata tan amada
¿Quién se resiste a contemplarte?
Besaste el cuerpo de la bella Elena y
bañaste de frenesí a la hermosa Betsabé.

Luna de plata tan amada
paseas tu rostro de ensueño esta noche
¿Acariciaras el cuerpo de mi amada y de mi grácil musa?
Por favor, llévale mis versos de amor
en las yemas de tus dedos plateados.

Te Amare Eternamente

Te amare eternamente amada mía
en mi vida y en mi fin serás velo
a mis pensamientos que den consuelo
en mi soledad y en mi melancolía.

Y tu nombre fluirá en mis oraciones
en noches angustiosas y de lucha
donde el alma sufre la cual desdicha
de ser blanco de vil desilusiones

Te amare eternamente amada mía
en mi fortaleza o en mi agonía
tu rostro amado será mi guía.

Cantare baladas o misereres
con lunas cual diademas de mujeres
pero esencia de mi vida tú lo eres.

Oración De Amor

"Ponme como un sello sobre tu corazón,
como una marca sobre tu brazo." Cantares 8:6

Padre nuestro que estas en los cielos
bendice mi corazón con su amor.
Señor, aparta la desesperanza y el dolor
con bendita respuesta a mi fervoroso afecto.

Padre nuestro que estas en los cielos
dame la ternura de sus manos
y la dulzura de su mirada.
Y provee con su calor
a mi humilde corazón devoto.

Padre nuestro que estas en los cielos
oh Padre del amor,
no permitas que mi alma vague en sombras
de desolación y angustia
por falta de su bendito amor.

Al Alba Y Al Ocaso

Al alba y al ocaso
busco a Dios y te busco a ti.
A Dios lo encuentro
pero tú no estás.

Parte dolorosa de mi vida
eres tú mi amada ilusión.
¿Cómo alcanzare tu corazón?
¿Y cómo curare está herida?

Al alba y al ocaso
busco a Dios y te busco a ti.
A Dios lo encuentro
pero tú no estás.

Tu recuerdo me trae tristeza
Y solo espero los buenos tiempos.
Camino por campos áridos
¡Oh mi Dios, dame fortaleza!

AMOR AÉREO: ESCALAS Y RETRASOS

Carmelo González Veles

PARTE 4

Carmelo González Veles

Luchas Aéreas

Vuelo nocturno
con sueños cerca del cielo.

Los pasajeros cierran sus ventanillas
porque temen que la luna y las estrellas
inunden sus trincheras aéreas.

No sé cuál es la causa
de esconderse de escena tan hermosa
en que la luna luce primorosa.

¡Y hay de aquel que abre la persiana
para buscar al sol por la mañana
porque le lanzan más de una blasfemia!

Equilibrio

Paso a paso
lento y preciso.

Sin equivocación
y sin marcha atrás.

Cruz abierta al universo
y con el vaho del abismo.

Hilo frágil de la vida
desgastado y finito.

Por tu amor
por el dolor
y por el capricho
del destino

Ilusión

No me pidas que te olvide
como constelación del horizonte.
Juro que mi amor es sincero
y no es ramo de rosas que muere al mediodía.

Te amare toda la vida
y si miento que muera al rayar el día.
Mi amor por ti es agua clara
y si escasea fenecerá mi alma.

Refugio Seguro

Fragancias de flores frescas
desparramadas en una aldea al alba.
Curvas de diosa hindú en éxtasis:
poseedora de galaxias guiadoras de alegría.
Desfiladero de hierbas aromáticas penetradas en vello y pelo
sedoso,
y refugio de marinero al final de la jornada.
Olas suicidas verde azules en
acantilados de mármol.

Velas Rojas Con Tu Nombre Al Horizonte

Una estrella en el horizonte y una gaviota de plata incrustada
Una felicidad buscada y ansiada
Una aurora carmesí.
Rosas blancas
en la lejanía
y el tiempo
en un reloj de cristal
y la poesía en un recipiente azul
y los sueños en una barca de velas rojas con tu nombre.

Tu Silencio

Tu silencio me quita las ganas de vivir,
ansiosamente mi pensamiento
espera una tregua en tus labios.

No puedo entrar a tus pupilas
y te niegas a mirarme.

Deseo ser tu deseo en este momento,
pero todo es vano en romper tu indiferencia.

¿Cuánto durara tu ingratitud?
Te busco e imploro ser grato a tus deseos.
Abre tus labios y que tu voz
de luz a mi alma angustiada.

Eso Eres

Hermosa, hermosa como una blanca rosa
misteriosa, misteriosa como una diosa griega
necesaria, necesaria como la luz del día.

Amada, amada como la paz ansiada
deseada, deseada como la espuma labrada
alabada, alabada como la musa siempre buscada.

Llamada, llamada como el respirar en la vida
escudriñada, escudriñada como el alba esperada
buscada, buscada como la gema más preciada.

Eso eres …
dolor en mi corazón, pero luz de mi inspiración.

Ámame Como

Ámame como se ama a la aurora en fiera tormenta
extráñame como se extraña la patria en el destierro
deséame como se desea el sueño en el insomnio
llámame como se llama un amor en el delirio.

Guárdame como se guarda un secreto en el alma
espérame como se espera al desposado en su día
mírame como se mira el horizonte profundo
y ámame como el huérfano ama a su amigo.

Doncella Sulamita

Sueño de mis noches
esencia de mis días.
Uva entre mis manos
suspiro de mi alma.

En noches claras de luna y romance
te busco en mi lecho muy cerca de mí.
Pero el vacío en mis brazos
parte al alma esta fría soledad.

¿Dónde estás luz y calor de mi alma?
Respóndeme por favor.
Escucha mi voz trémula angustiada
llamarte en desesperación.

¿Dónde estás ilusión de mi existir?
¿Qué espejo hoy refleja tu rostro?
Respóndeme por favor
que siento morir de angustia y dolor
en esta noche de soledad.

Tu Amor Despertó Mi Vida

Tu amor despertó mi vida
aunque ahora lleve una herida.
Recuerdo cuando te vi
y de ahí, sí que sufrí.

¡Hay que es el amor!
Un intenso clamor.
Inmenso deseo de verte
pero si no era la muerte.

Tu amor despertó mi vida
momento que no se me olvida.
El deseo de estar junto a ti
nació desde que te vi

Piel Sensual

Deseo febril golpeando el estómago,
flechazos constantes en un cinturón oscuro.
Bandada de gaviotas emigrando
en puerto de un silencio infinito

Noche de brazos danzantes con ritmo eróticos,
agujas tejedoras de nidos de musgo obsidiana,
roció que baña el tálamo de los desposados en plenilunio.

Pan ansiado en la boca gallarda de mancebo,
textura que el alma implora
hundir los dedos
en las aristas más perfectas y hermosas sobre la tierra.

¡Oh deseo febril en la víspera del alba!
Los dedos conquistan como limoncillo del monte
Los tersos pechos y el vientre perfecto,
Oh piel sensual,
en las llamas azules de un mar de Van Gogh.

No Represento Nada Para Ti

Desde que te conocí…
no represento nada para ti.

Lloro y tu ríes…
sufro y tú eres feliz.

¡Ah que cosas de la vida!

Te confieso mi amor,
y dices que eso no puede ser.

No tienes culpa
del indescifrable desamor.

Carmelo González Veles

PARTE V

Carmelo González Veles

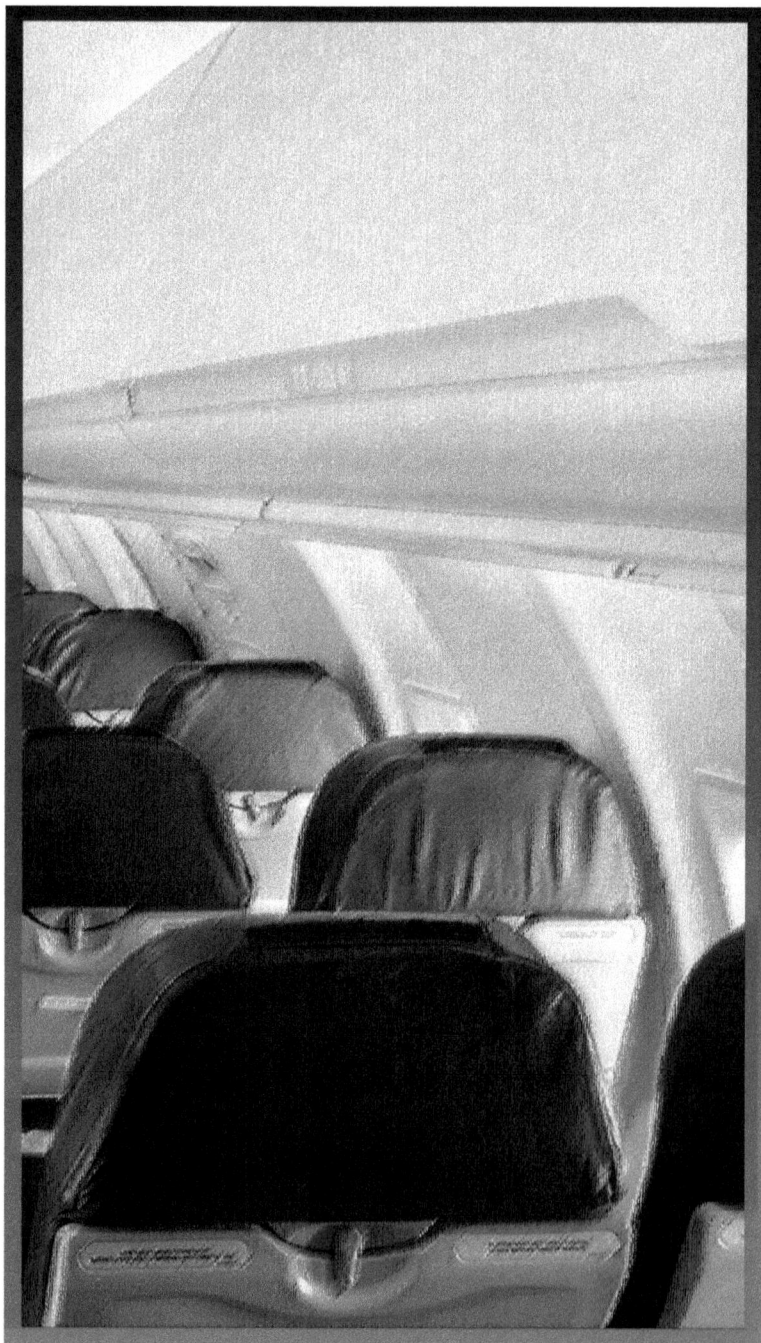

A Ciegas

Abordo este avión
buscando mi asiento asignado.
Un boleto con una letra y un número
son mi brújula, donde mi existencia pondrá su parapeto.

No pregunto quién es el piloto
ni pido sus credenciales.
Doy por sentado
que llegare a mi destino.

No Sabes Cómo Sufro Cada Día

No sabes cómo sufro cada día
cuando no te veo al otear la puerta.
Amanece y la calle esta desierta
y no sabes mi angustia vida mía.

Espero y al fin te veo y que alegría.
Mi alma se goza y la vida despierta
la ilusión en una fuente abierta
y si corre el agua de la fantasía.

No sabes cómo sufro tus coqueteos
me quedo sin habla y como me mata
que otros puedan llenar tus reales deseos.

Y no niego y no escondo que me ata
tu grácil belleza y de los que son reos
mis amores que tu aura los delata.

Espera Sacra

Ilusión es:
un rostro, una sonrisa,
un dolor antiguo quemando un río,
una revelación en una esquina en San Gil,
un canto rompiendo la medianoche,
un desvelo impune,
una oración fervorosa,
un nombre con poder de lava,
y un relámpago inclemente
en el lado izquierdo.

Agosto 25 de 2010
Bucaramanga

Bello Baluarte

Cuando llueve como hoy,
con granizo, con viento gélido,
con agua desbocada por las calles,
y con pájaros ausentes,
quiero estar contigo y que tu cuerpo terso
sea mi nido a través de la tormenta.

Cuando llueve como hoy,
con nubes oscuras, con un sol secuestrado,
con puertas cerradas,
con paraguas hurtadas,
y con flores decapitadas,
quiero estar contigo acariciando
tu cuerpo hermoso y contemplando
las rosas blancas de tus senos.

Cuando llueve como hoy,
con moradas hostiles de abrigo,
y con un violento desamparo,
quiero estar contigo
amada mía
hermosa mía
en tu regazo seductor.

Cita Musical

A las 5 de la tarde era nuestro encuentro ahí sobre el puente
de Cañaveral,
llegue a las 4:30 pm con la emoción de estar contigo,
te espere paciente y miraba a los transeúntes que llevaban
en sus pasos sus destinos.
El sol caía y yo esperaba el instante de tu arribo,
que felicidad sentí al verte sonriente venir entre el gentío,
te di un abrazo y abordamos aquel taxi
que desee que retardara su camino
porque sentía dicha de estar contigo,
pero al fin llegamos al concierto de piano
que la doncella virtuosa tocara, Sueño de amor de Liszt, para
ti y para mí.
Al despedirnos aquella noche despejada calurosa y con
estrellas
te di un beso que marco el deseo de gastar mi vida a la luz de
tus pupilas.

La Ruta Es Larga

La ruta aérea es larga
trazada por el continente
con sus mares, montañas, desiertos, y sus bosques.

La ruta aérea es larga
trazada con los sueños,
los temores y el abandono.

Víspera De Una Navidad

24 de diciembre:
existes en mis recuerdos;
siento y pienso con la gracia de
Jehová que me sustenta.

Escribo estas líneas, mirando al mar
a través de una ventana.
Tu recuerdo navega en la espuma
del oleaje en el crepúsculo.

Sé que estas lejos. Solo el pensamiento
con sus alas de luz puede arribar
hasta tus brazos. Y sé que ellos pueden
dar refugio a mi alma en nostalgia.

Quiero robar las palabras más bellas al lenguaje,
para poder expresarte la voz de mi ser
en este viernes que se extingue.

Sí, es tu recuerdo el que me detiene
al contemplar la mar.
La noche ha arribado y solo me
queda tu rostro en mi alma.

Causa

Amor…vengo de lejos solo por ti.
He dejado mi patria
he dejado a mi madre,
solo por ti.

Amor…quiero estar cerca de ti.
He abandonado mi confort
he abandonado mi bien
solo por ti.

Amor…hoy vivo solo por ti.
he llenado la vida de ilusiones
he sufrido de desvelos
solo por ti.

Domingo En Frenesí

Sonrió,
ahora que las cámaras fotográficas
atrapan las fechas, las horas y el encanto.

Eso hago,
mirando la foto en que apareces con una blusa roja,
pero sobre todo tu sonrisa en aquel septiembre
en que te conocí.

Fue un domingo
a las 6 de la tarde,
cuando el sol sembraba amapolas de fuego
y los pájaros cantaban notas de reposo.

Punto Y Seguido

Suspiro al recordar
el deseo de tocar tu piel.
Suspiro al evocar
el deseo de estar muy cerca de ti.
Reconozco que son las cosas
que parecen tan naturales
cuando perdidamente nos enamoramos:
son los labios, son las manos
son los ojos fieles
a desear junto a ti,
perder la cuenta del paso de las horas.

Sello

Dos palmas como tatuajes
destacan entre infinidad de las casas en tu barrio,
están como centinelas
que anhelan despeinarse con el céfiro del mar caribe.

Palmas que atisbe
en la primera noche que tome tu mano,
un fuego domino mi ser
de inminente deseo de ti mi bien.

Por tu ciudad,
busque dos palmas en mi angustia,
quería encontrarlas como a la luz
después de una noche lóbrega.

Recuerdo Aéreo

El pasajero recorre la ruta aérea,
por el imperio de las nubes
y en la cercanía más a Dios.

El sol lanza sus redes áureas,
y los recuerdos del centinela
fluyen como peces,
haya en ventanilla fugaz-anónima.

La nostalgia lanza su ancla
al sentimiento del pretendiente,
donde la ilusión
se enfrenta a la lejanía
por la ruta disipada de un avión.

AMOR AÉREO: ESCALAS Y RETRASOS

Carmelo González Veles

PARTE 6

Carmelo González Veles

Pista Aérea En Seattle

Hace frio
al acercarse la noche,
el trino de un pájaro
marca los instantes al cambio de guardia en el universo.

Un avión parte el cielo
con su estruendo
que mueve las ramas de los pinos.

Los autos desgajan
sus murmullos en un asfalto
que descifra los nervios de una ciudad que late.

Allá encima de ese volcán Rainier,
una línea de luciérnagas
ponen en un mismo sentir
a seres incógnitos,
mientras aquí muy cerca
tan cerca del alma
el trino de un pájaro
me invita a una reflexión existencialista.

Norte Y Austral

Muy cerca de la línea del Ecuador
he encontrado el amor:
diligente el sentimiento
entró como el viento,
en los campos maduros de trigo:
como ondas en ritmo,
como cantos de pájaros
como coplas de guijarros.

Muy cerca de la línea imaginaria
donde predomina el día
en la tórrida primavera
o en granos maduros en la era,
allá donde se deslindan
y do el norte y sur inician,
he encontrado a mi amor
muy cerca, pero tan cerca de la línea del Ecuador.

Libre Albedrio

Sabes que te amo:
con respeto a tu libertad
con tu libre albedrio
con el forje de tu destino
solo en tus manos
con tu mirada siempre al horizonte
y con tu determinación siempre a flote.

Sabes que te amo:
y he venido de donde el invierno quema
y por ti solo he venido
ha esta tierra donde las orquídeas
y los pájaros acentúan sus montañas,
sus valles, sus ríos, sus senderos y sus cielos.

Sabes que te amo...
y he venido de lejos solo por ti.

En El Ágora

Hay gente que no cree
en Dios, en los milagros y en el amor.
Que me expliquen entonces,
¿por qué sufro al estar lejos de ti?

Hay gente que no cree en los milagros
o en actos de orden celestial.
Entonces, ¿por qué al verte por primera vez
mi alma se encontró como en una epifanía?

Hay gente que no cree en Dios
y argumentan en coincidencias
pero sé que tu amor
es más que un big bang.

Deseo Único

Déjame poner mis manos en tu cintura,
como tomando un ramo de lampos alcatraces,
como tomando albo mármol
o como tomando níveo ajuar de novia virgen.

Déjame acariciar tu piel lozana,
como en rosas blancas
de pétalos sobre tu pecho,
o como en las partes claras
donde tu pelo oscuro marca su avance.

Déjame soñar contigo
con tu sonrisa
con tu velo de novia
y con tu cuerpo
como excepcional refugio.

Fidelidad

Te confieso,
que me han buscado otros amores,
han insistido mi deseo,
pero a ti es a quien amo.

Te confieso,
que me han buscado otros brazos,
y me han tocado otras manos
pero mi deseo es estar junto a tu lado.

Te confieso,
que le he pedido a Dios,
que un milagro se manifieste
y puedas estar junto a mí,
en este día estival
en las calles empinadas de San Gil.

Al Son De Las Horas

"Bástate mi gracia; porque mi poder se perfecciona en la
debilidad."
Eso, Jesús le dijo a Pablo.
Me conmovió esa expresión
en esa tarde que estuvimos juntos
cuando la tarde lanzó sus redes purpuras
donde las gentes navegaban en sus destinos
y los pájaros incendiaban los árboles
con una sinfonía de adiós.

Me voy para siempre dijiste.
Y se detuvo mi universo:
te pedí que me repitieras esa frase
cuyo peso aplastante al momento,
me ocasionó angustia y dolor.

Ahí sentados junto a calle transitada
hablamos por horas
y fue la fuerza de nuestras sombras
que aquella noche marco el momento
de un adiós y un te espero.

Ruta Con Flores De Cazahuate

Nubes blancas como flores de cazahuate
con los vientos de noviembre
en la inmensidad de un azul
que derrite el alma.

Nubes blancas como azahares
con los vientos de noviembre
en la inmensidad de un azul
que refleja el espíritu.

Nubes blancas como rosas
con los vientos de noviembre
en la inmensidad de un azul
y con una ruta de avión
en la cual solo pienso en ti.

Nostalgia Púber

Cuando marcó las tres el reloj del Calvario
me enamore de ti.
Espié tu calle de día y de noche
para verte en la puerta de tu casa.

Mi corazón latía
al ver tu rostro de virgen
en los días claros
de arroyos cristalinos
y de mariposas peregrinas.

Te vi junto a mi
en un sendero demarcado por margaritas
con el amor puro de niño-hombre.

El tiempo paso y
no supe más de ti…
hoy la nostalgia
invade mi alma
en un día que avanza
con el viento, las ondas del río
y en las alas del estío.

Tarde De Cita

Estoy contigo, en este restaurante
cuyas paredes están decoradas de
hermosos cuadros de colores fuertes
cuyas figuras casi cruzan el escalón a la vida.

Estoy contigo, en este restaurante
cuya música ata mi alma
a tu mirada seductora.

Estoy contigo, en este restaurante
con mi alma jubilosa
de que estés junto a mí.

Estoy contigo, en este restaurante
donde mi mundo gira solo en ti
y deseo que este momento
se prolongue y sea eterno.

Reservación Divina

Cuando nació mi amada
Dios la apartó para mí.
Ella es hermosa como una orquídea cándida
nutrida por jardín andino;
estuvimos separados por un continente
con corrientes de céfiros
y ondas de Coriolis.

Mi amada me conquisto
con su sonrisa seductora
y su cuerpo de ninfa
en el solsticio del estío.
Al verla no soy el mismo:
a la oscilación del bambú
y el monologo del riachuelo,
paso noches en vela
solo pensando en ella.

Descendí con los vientos boreales
a encontrar a mi amor
en montañas australes.
¡A que felicidad me inunda el alma
al tocar sus manos
como tibias palomas!

He venido de lejos
con bienaventuranza divina,
a conocer a doncella
que Dios aparto para mí.
¡Oh mi amor, canta canción
que arroba mi corazón!
Ya mis lágrimas son el rocío
de un dichoso caudal
cuyo deseo es el acto nupcial.

Cuando nació mi amada
Dios la apartó para mí.
Fue en un ocaso
que inició el sentimiento
de una férrea necesidad
de un abrazo, de un beso,
de la voz y del aroma
de la compañera
que Dios eligió para mí.

Junio 20 del 2020

AMOR AÉREO: ESCALAS Y RETRASOS

EPÍLOGO

Amor Aéreo: Escalas y Retrasos presenta el sentimiento de un ser enamorado y sus experiencias en sus desplazamientos por avión para estar con el ser amado. Los poemas abordan temas fundamentales como el amor, el desamor, el deseo, lo místico, la tristeza, lo erótico, lo habitual, lo inesperado, etc.

Los medios de comunicación y medios de transporte permiten que las relaciones amorosas presenten una nueva dinámica que en las pasadas épocas los seres humanos no experimentaron.
Sin embargo, podemos deducir que la manifestación de amor entre seres humanos se adapta no importando el momento histórico, por la simple razón que el amor es una expresión de lo más íntimo del ser humano.

Escribo estas líneas en un tiempo de pandemia. Quizás será recordado como el COVI-19 que paralizo al mundo. Que detuvo los aviones en sus hangares y como un tiempo de incertidumbre y de temor. Hay dos tiempos enlazados en **Amor Aéreo: Escalas y Retrasos.** El de abordar una aeronave sin pensar y el actual que amerita solo si es de orden vital. Pero nos agarramos con el impulso de conservación y esperanza porque seguiremos enamorándonos, porque eso es propio de nuestra naturaleza humana.

C.G.V.
Seattle a 27 de enero del 2021

ACERCA DEL AUTOR

Carmelo González Veles nació en Tlaltizapán, Morelos, México. Emigró a los Estados Unidos en 1984 con el éxodo de trabajadores agrícolas y se estableció en el Valle de Yakima.

Actualmente reside en el área de Seattle en el Estado de Washington en el Noroeste del país.

Asistió a Central Washington University donde se graduó como profesor de español, historia y geografía en nivel medio. Ha ejercido como docente en secundarias, preparatorias y como profesor de ciudadanía estadunidense desde 1997. Ha tomado clases de maestría en Artes y Literatura Hispánica en University of Washington en Seattle estado de Washington. Su poesía y sus relatos han aparecido en revistas, antologías y en línea como *Latino Cultural* (2008), *Río Grande Review* (2010), Antologías de Seattle Escribe (2017, 2018, 2019), *El Centinela* (septiembre 2020), *La bloga* (abril 2020), *Revista Literaria Monolito* (junio 2020). Fue colaborador del periódico *La Raza del Noroeste* de noviembre 2014 a marzo 2019. Participó leyendo su poesía en eventos como el Día de los muertos, Sustainability/ Sostenibilidad en Benham Gallery (junio 2009), Poets Against Hate (febrero 2016) y Bridges Not Walls (febrero2017).

En octubre del 2019 publicó su primer libro de poesía *Amor y Camposanto* y en febrero del 2020 su primer libro de relatos cortos *De Desapariciones y Otras Cosas*.

También, Carmelo González Veles es un activista de la justicia social. Localmente ha sido voluntario en la registración para votar y en la explicación en el proceso al voto en seminarios presenciales y en participaciones a través de la radio.

Carmelo González Veles

Por Carmelo González Veles

Amor y Camposanto
De Desapariciones y Otras Cosas
Amor Aéreo: Escalas y Retrasos

94

AMOR AÉREO: ESCALAS Y RETRASOS

www.ingramcontent.com/pod-product-compliance
Lightning Source LLC
Chambersburg PA
CBHW071947100426
42736CB00042B/2296